UM BRINDE ao "fracasso"

PE. LUÍS ERLIN, CMF

UM BRINDE AO "fracasso"

A DERROTA pode ser VITÓRIA

EDITORA
AVE-MARIA

© 2021 by Editora Ave-Maria. All rights reserved.
Rua Martim Francisco, 636 – 01226-002 – São Paulo, SP – Brasil
Tel.: (11) 3823-1060
Televendas: 0800 7730 456
editorial@avemaria.com.br • comercial@avemaria.com.br
www.avemaria.com.br

Capa: Agência Arcanjo
Imagens: Shutterstock

ISBN: 978-65-5707-034-5

2ª reimpressão – 2021

```
Dados Internacionais de Catalogação na Publicação (CIP)
           Angélica Ilacqua CRB-8/7057

    Erlin, Luís
        Um brinde ao "fracasso": a derrota pode ser vitória/
    Luís Erlin. -- São Paulo: Editora Ave-Maria, 2021.
        72 p.

        ISBN 978-65-5707-034-5

        1. Sucesso 2. Fracasso (Psicologia) 3. Religião I.
    Título
    21-2144                                    CDD 158
```

Índices para catálogo sistemático:

1. Sucesso

Todos os direitos reservados e protegidos pela Lei 9.610, de 19/02/1998. É expressamente proibida a reprodução total ou parcial deste livro, por quaisquer meios (eletrônicos, mecânicos, fotográficos, gravação e outros), sem prévia autorização, por escrito, da Editora Ave-Maria.

Diretor-presidente: Luís Erlin Gomes Gordo, CMF
Diretor Administrativo: Rodrigo Godoi Fiorini, CMF
Gerente Editorial: Áliston Henrique Monte
Editor Assistente: Isaias Silva Pinto
Revisão: Edson Nakashima e Mônica da Costa
Diagramação: Equipe Editorial Ave-Maria
Impressão e Acabamento: Gráfica Expressão & Arte

CLARET
PUBLISHING GROUP

A Editora Ave-Maria faz parte do Grupo de Editores Claretianos (Claret Publishing Group).
Bangalore • Barcelona • Buenos Aires • Chennai • Colombo • Dar es Salaam • Lagos • Macau • Madri • Manila • Owerri • São Paulo • Varsóvia • Yaoundé.

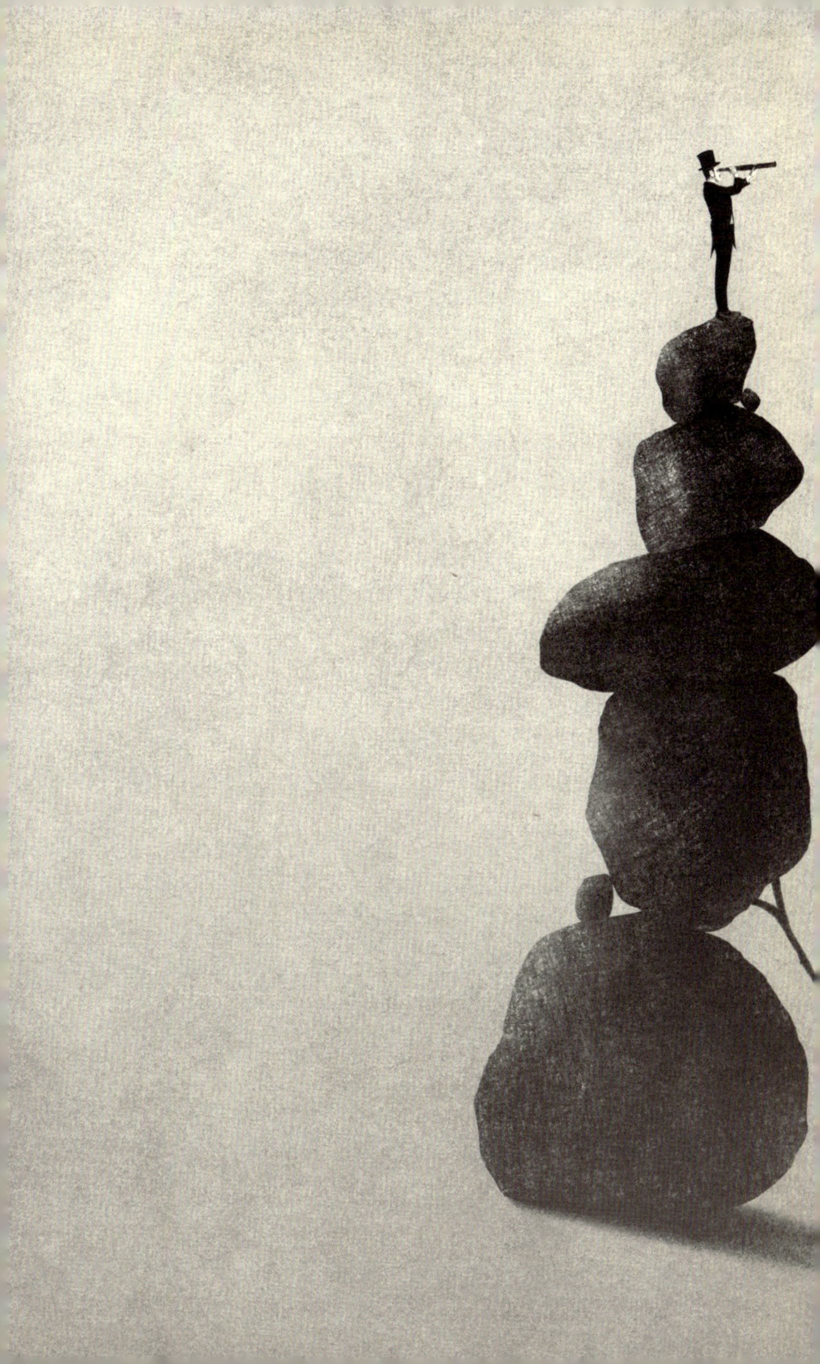

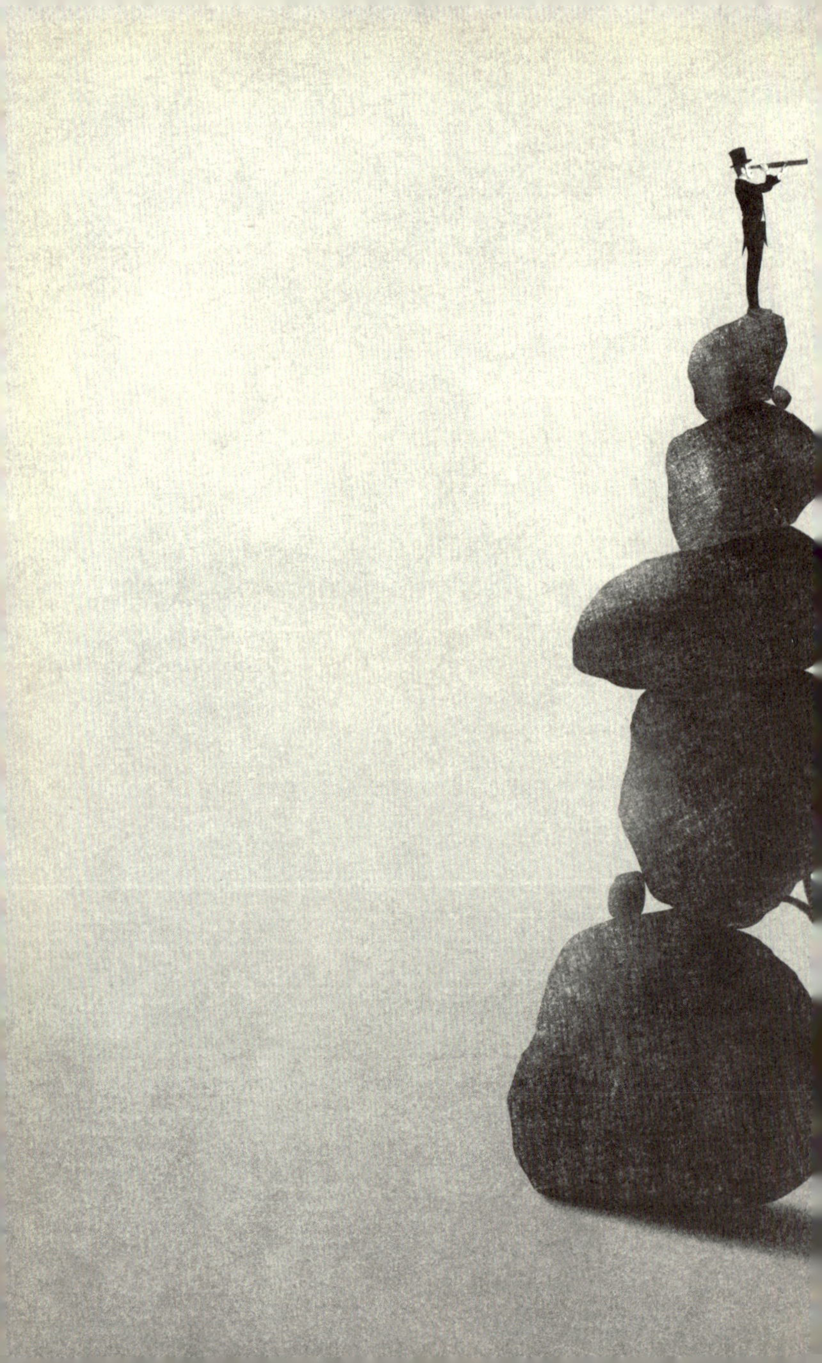

Agora dizeis: "Hoje ou amanhã iremos a tal cidade, ficaremos ali um ano, comerciaremos e tiraremos o nosso lucro". E, entretanto, não sabeis o que acontecerá amanhã! Pois que é a vossa vida? Sois um vapor que aparece por um instante e depois se desvanece. Em vez de dizerdes: "Se Deus quiser, viveremos e faremos esta ou aquela coisa".

(Tiago 4,13-15)

Sumário

O que é vitória para você?... 11

1. Educados para o sucesso 17

2. O fracasso 25

3. Não somos donos da nossa existência 33

4. Muitas derrotas são livramentos 43

5. O "fracasso" de Jesus se tornou a nossa vitória 55

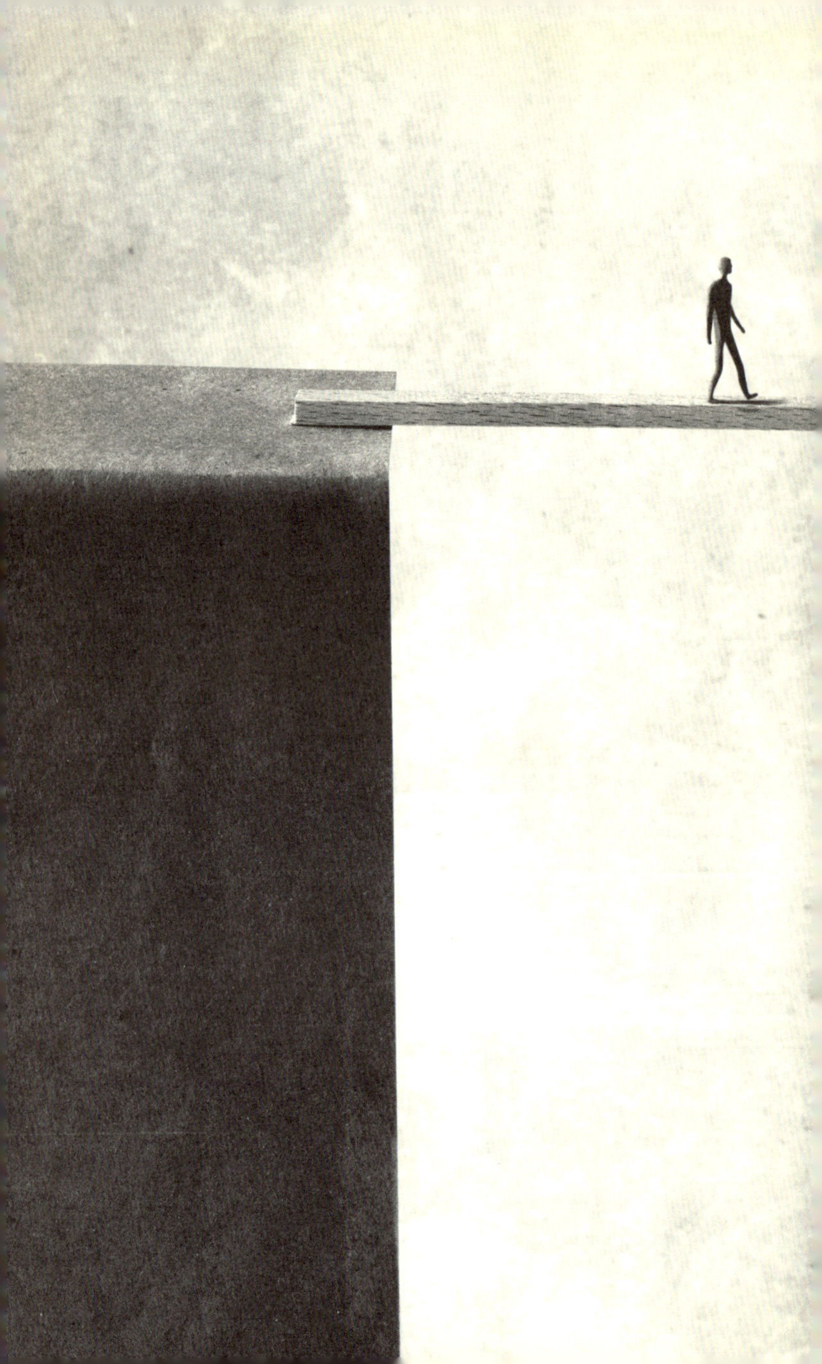

O que é vitória para você?

Introdução

Quando compartilhamos algumas de nossas conquistas nas redes sociais, imediatamente nossa *timeline* recebe muitos comentários nos parabenizando; a palavra mais usada nestes casos é "sucesso".

Sim, sucesso. Talvez o título deste livro cause certa estranheza, acompanhada de incômodos.

Não se brinda aos fracassos, se brinda aos sucessos, às vitórias.

De fato, quando erguemos a taça e sugerimos um brinde, queremos elevar uma ação de graças por coisas que consideramos boas; tanto é assim que o próprio símbolo da taça já indica vitória.

Ser bem-sucedido parece ser o objetivo primeiro de nossa existência; uma pessoa de sucesso é uma pessoa feliz, assim pensamos.

Estar no rol das pessoas bem-sucedidas indica que estamos um degrau acima dos outros que não tiveram a mesma "sorte".

Por essa razão, os seres humanos que estão nesse patamar acima se vangloriam; inevitáveis, neste caso, são as vaidades.

"Que sorte você teve!", alguém pode dizer ao bem-sucedido que está sentado no trono do Olimpo. Mas, se foi sorte, qual o mérito pessoal da vitória?

Em uma maratona, todos os atletas que saem na linha de partida almejam o primeiro lugar. Mas um só chegará primeiro... Talvez aquele que estiver mais bem preparado? Talvez... Não se pode, contudo, dizer que os outros não se prepararam.

Um concorrente perdedor pode ter-se preparado com mais afinco que o ganhador, mas, na noite que antecedeu a prova, a ansiedade tenha alterado o seu sono. Sim, ele se preparou, gastou energia e tempo, controlou a alimentação, no dia da corrida ele deu tudo de si, mas seu corpo naquele instante não estava cem por cento.

O vencedor tem seu mérito!

Porém, não podemos dizer que todos os outros concorrentes, além de perderem a corrida, perderam também tempo... O coração de cada um deles estava centrado em um objetivo. Mas não é o resultado do objetivo em si que garante o sentido da vida; o sentido real da existência humana está na preparação. Se assim não fosse, um senhor idoso não faria um esforço em plantar castanheiras, sabendo que, pela cronologia, seria impossível a ele colher os frutos.

Quando reduzimos a vitória apenas aos que chegaram em primeiro lugar, nós aniquilamos os efeitos positivos e vitoriosos a todos os outros que se esforçaram, mas não foram capazes de cruzar a linha de chegada primeiro.

Se pensarmos assim, qual a razão de decidirmos fazer a maratona, se nossas chances são mínimas?

Internamente sabemos dos efeitos positivos e vitoriosos de competir, mas, nos últimos tempos, o "mundo" (sociedade) parece ditar a regra de que, se você não é vitorioso, então é um fracassado.

Esquecemos, lamentavelmente, que viver já é uma vitória e nos iludimos buscando o Olimpo. Porém, segundo as normas da ditadura do sucesso, a sua vida só terá sentido se você subir no lugar mais alto do pódio, mas lá só cabem uns poucos.

E, se não conseguirmos o topo (apresentado como ideal), nossa vida é menos importante?

Neste livro, meu desejo não é poetizar o fracasso, mas perceber que, apesar de tudo (aparentemente) ter dado errado, existe uma possibilidade real e concreta de termos aprendido, crescido, amadurecido, mesmo sem termos levantado a taça da vitória.

O que é vitória para você?

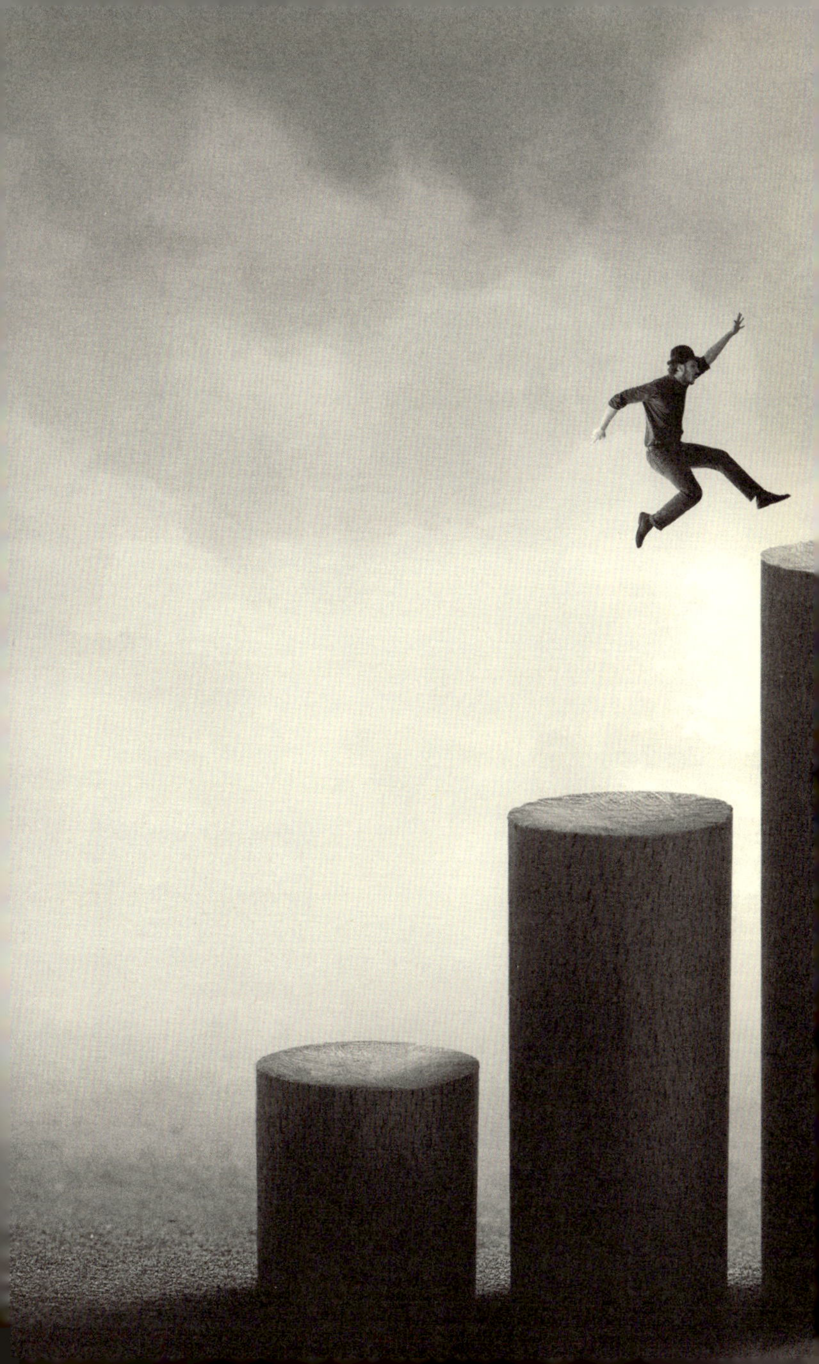

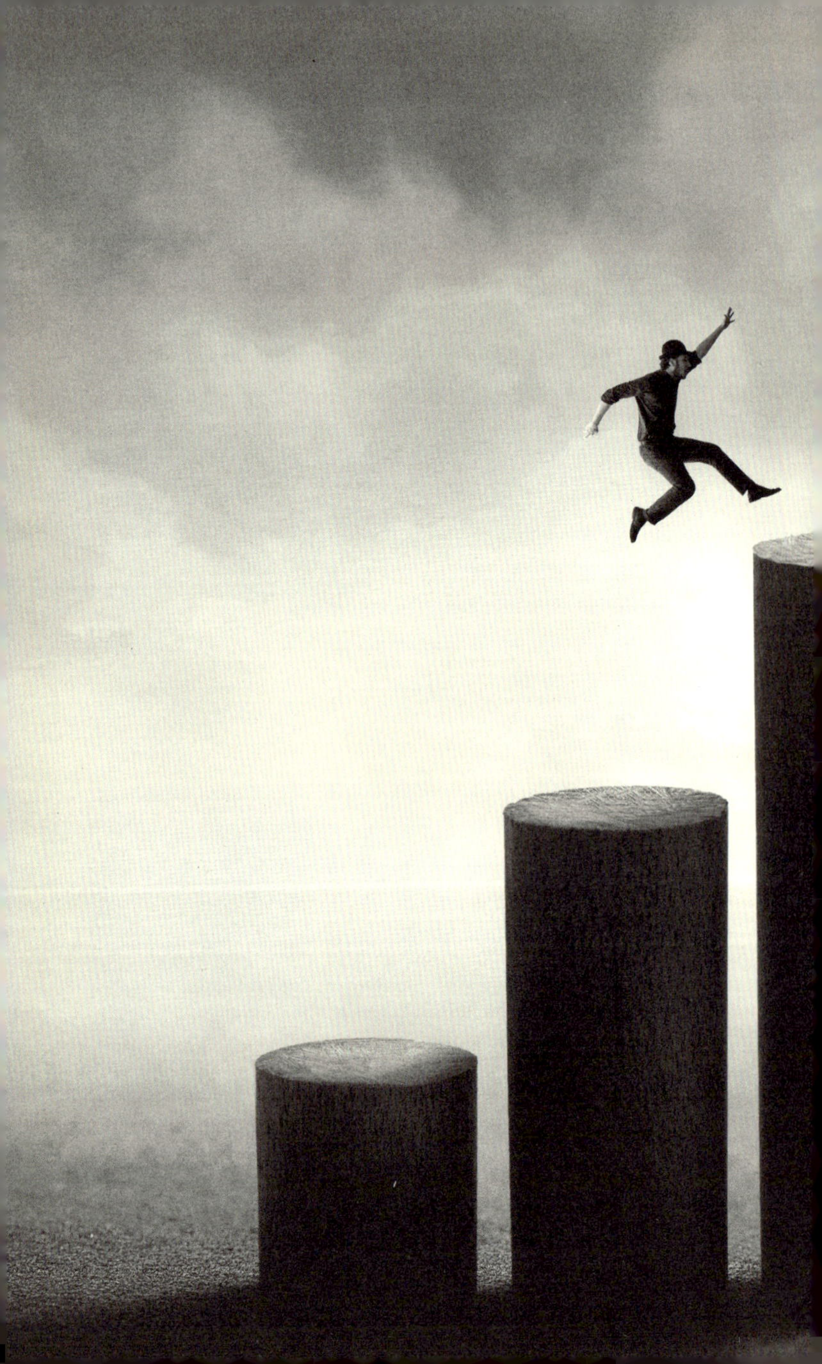

Educados para o sucesso

Capítulo 1

*Quero cantar como os pássaros cantam,
não me preocupar com quem ouve
ou o que eles pensam.*
(Rumi)

Antes mesmo de uma criança ser concebida, os pais, dentro dos seus planejamentos, já sonham com o sucesso dos filhos.

Nada mais natural, como pai ou como mãe, querermos o melhor dos melhores para o fruto que amamos.

Nos últimos anos, os casais pensam em planejamento familiar. A forma como o mundo está organizado hoje praticamente impede os pais de ter uma grande quantidade de filhos.

Nossos bisavós e avós viveram em outro tempo; muitos criaram seus filhos em um ambiente rural. A grande quantidade de filhos fazia com que os genitores não colocassem todas as suas expectativas em um só deles, ou em dois.

Existia uma cobrança, às vezes dura, por aquilo que era entendido como moral; as expectativas giravam em torno da moralidade. Falamos de uma época em que concluir o Ensino Médio era para poucos e cursar uma faculdade era algo praticamente inatingível.

Mas o mundo mudou; hoje, em geral, os casais buscam um planejamento detalhado com relação aos filhos. Como ter dez, seis filhos, em uma sociedade urbana que reside, muitas vezes, em apartamentos pequenos? Como ter muitos filhos com os custos da educação? Como ter muitos filhos com as dificuldades de locomoção? Como ter muitos filhos com as instabilidades dos empregos? Enfim, as coisas mudaram...

A quantidade de filhos varia, não podemos generalizar, porém o que mais vemos são pais com três, dois ou um rebento. Nada mais compreensível diante da estrutura social, política e econômica em que vivemos.

Não queremos aqui problematizar a questão moral de tal escolha, mas perceber que, por mais forte que puxemos a corda do cabo de guerra, sempre seremos vencidos pelo sistema imperante.

Pois bem, com o número de filhos reduzido, as expectativas sobre esses filhos se agigantam.

Lembremos: uma coisa é lidarmos com as nossas próprias expectativas, outra (mais difícil) é viver sob o jugo das expectativas dos outros; pior ainda se os outros forem os nossos pais.

Os pais fazem um "investimento" nos filhos: é tempo dedicado, é dinheiro empregado. Querendo ou não, existe uma compreensão, ainda que velada, da necessidade da retribuição. Nesse ponto está o perigo, pois, se não educamos nossos filhos para a liberdade de ser quem são, corremos o risco de engessar as suas vidas para que eles atendam às nossas expectativas.

Vida engessada é pessoa infeliz!

Além das expectativas dos genitores, existem, em escalas decrescentes, os que cobram dos pais o bom desempenho de seus filhos, que são avós, tios e parentes. Os pais precisam, diante das cobranças dos outros, "apresentar" para a sociedade um filho que seja motivo de "orgulho".

Sofrimento para os pais, sofrimento pior para o filho. O filho é um cofre em que diariamente são depositadas altas quantias de expectativas; além do estudo acadêmico, muitos cursam escolas de alguma língua estrangeira, fazem balé ou judô, estudam música etc. E tudo mais que garanta aos pais um sono tranquilo no final do dia, pois o investimento foi feito... Essas matérias extracurriculares também apresentam os campeonatos; o intuito muitas vezes não é adquirir conhecimento, mas ser o melhor, ser o destaque dentre os demais.

Hoje viver é participar de um grande campeonato, subdividido em pequenas competições que irão garantindo a nós a medalha da vitória, ou não. Não basta a criança estudar, aprender e passar de ano; ela precisa ser a melhor, ela precisa ser condecorada em público por isso.

A escola, reflexo da sociedade, também tende a imputar ao aluno que, se ele não for o melhor, será um perdedor. A criança assimila as frequentes cobranças do seio do lar com as novas cobranças surgidas e agigantadas na escola.

Premiação pública para os melhores na escola reforça a ideia de que existem os "destinados" ao Olimpo. Os pais, por sua vez, ostentam seus filhos vitoriosos, afinal, a vitória foi deles também. Pais de filhos "perdedores" se perguntam onde foi que erraram e dobram a cobrança sobre a cria.

A disputa por ser o melhor no percurso da vida só vai se afunilando; na adolescência, é preciso pensar na carreira e, consequentemente, as disputas se acirram: vestibular, Enem, passar em uma universidade pública de prestígio.

Mas, como bem sabemos, existe uma desigualdade histórica em nosso país. A "vitória" da tão sonhada vaga nas principais universidades é, em muitos casos, somente um sonho para quem, por necessidades financeiras, sempre estudou em escola pública.

É o "Olimpo"... Não é para todos.

Não nos esqueçamos de que nem sempre tirar nota dez em tudo garantirá uma vida feliz no futuro; nem sempre fará dessa pessoa alguém de sucesso em seus negócios financeiros.

Quantos dos seus amigos eram "péssimos" alunos, mas se encontraram na vida, fazendo algo que lhes era prazeroso? Não falemos aqui de rentabilidade, mas de realização pessoal.

Afinal, vivemos para quê?

Todos nós temos dons e talentos que não se enquadram totalmente no esquema da tabela de sucesso que a escola apresenta.

Quando a pessoa é livre, naturalmente a vida vai se organizando para que ela, com o passar dos anos, busque um lugar ao sol. E, debaixo do sol, há lugar para todos, para a diversidade.

Pergunto, novamente, quantos de seus amigos da escola eram considerados "medianos" no desempenho escolar, mas hoje fazem o que gostam e são felizes?

E você? Como se vê diante dessa realidade?

Muitas vezes sacrificamos o que temos de melhor para viver a expectativa que os outros impuseram sobre nós. Que pena!

Somos educados para o sucesso. Mas qual sucesso? Sucesso de quem?

Como sacerdote, eu atendo muitas pessoas que desejam uma orientação espiritual; na maioria dos casos existe claramente um dissabor, um vazio abismal de frustração sobre tudo aquilo que já foi construído ao longo dos anos.

Imagine a tristeza de alguém que passa grande parte da vida construindo uma casa, mas, quanto mais essa casa vai ganhando forma e estrutura, esse alguém vai percebendo que não será feliz vivendo nesse "castelo dos sonhos".

O que fazer?

Destruir o palacete e começar de novo?

Mas começar por onde?

Não basta tomar consciência de que grande parte dos nossos sonhos foi ilusão, mas é necessário decidir por uma reorientação da vida. Primeiro temos de nos despir de todo tipo de cobrança externa.

É preciso nos desintoxicar das falsas promessas de felicidade, de que essa só chegaria até nós se fossemos pessoas bem-sucedidas (segundo os critérios preestabelecidos). Não adianta a demolição do castelo em construção se o nosso castelo interior ainda almeja agradar os outros. Só se vive uma vez, e a vida é muito curta para buscarmos a felicidade nos moldes sequenciais das indústrias.

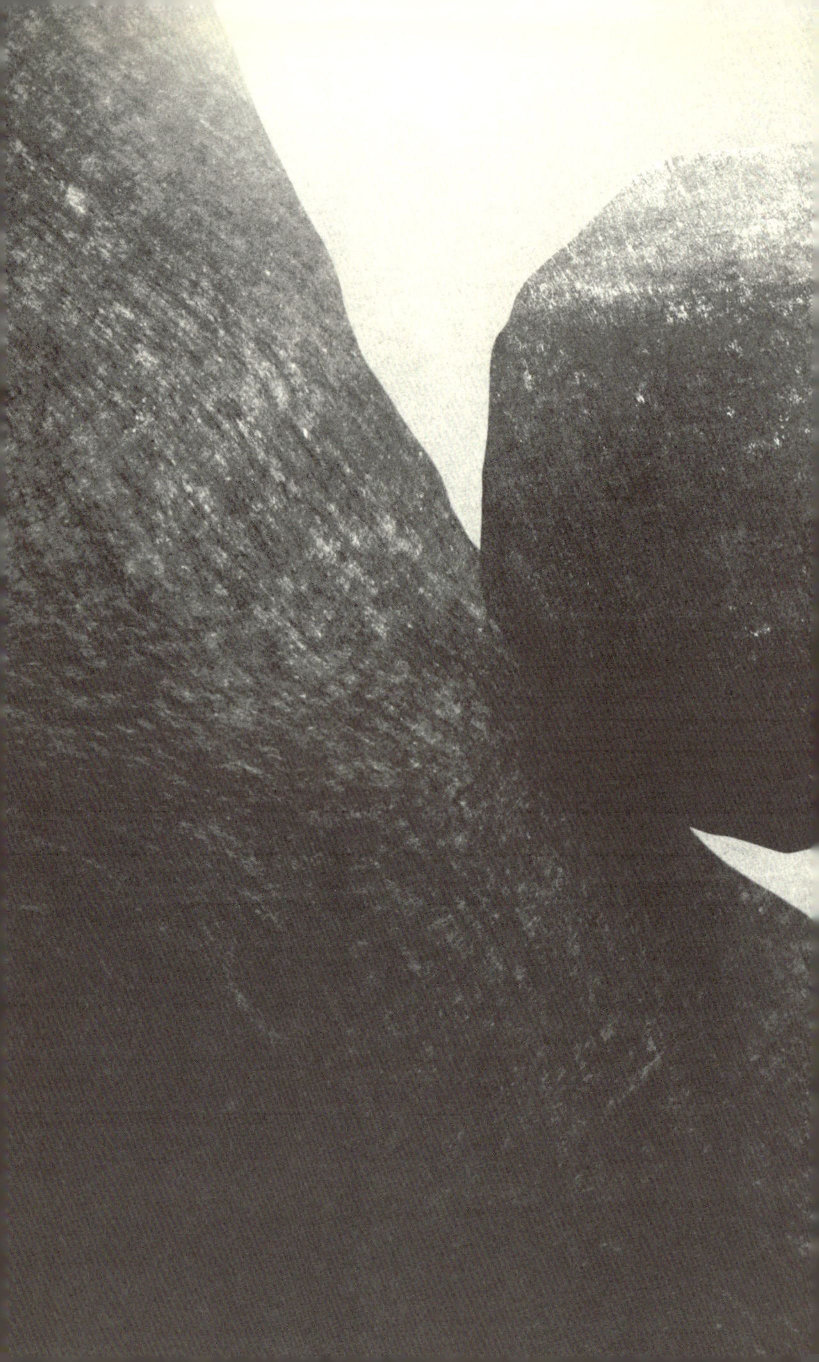

O fracasso

Capítulo 2

*Se o cotidiano lhe parece pobre, não o acuse;
acuse a si próprio de não ser muito poeta
para extrair as suas riquezas.*
(Rilke)

De forma aparente, a palavra "fracasso" dispensa explicações; conhecemos bem o seu significado. Porém, vale a pena saber um pouco sobre a etimologia deste termo, pois, com toda certeza, se abrirão novas vertentes de compreensão.

A palavra "fracasso" deriva de dois vocábulos latinos, assimilados pelo italiano: *frangere*, "quebrar", e *quassare*, "sacudir, chacoalhar, bater repetidamente"; podemos ainda acrescentar, por ampliação, "ameaçar, quebrar". Dessa forma, podemos dizer que o fracasso, em sua etimologia, não é silencioso. Parece uma rajada impiedosa de vento que, além de destruir algo, chama também a atenção dos outros.

Continuemos ainda com o significado do termo "fracasso", segundo os nossos dicionários: ausência de sucesso; ação de fracassar, de não obter o que se pretendia, em qualquer âmbito da vida; derrota, insucesso.

Na sequência dessa definição, os dicionários ainda afirmam que "fracasso" pode também ser entendido como um barulho causado pela queda de alguma coisa; forte som, estrondo.

A segunda parte da definição nos aproxima mais da origem da palavra: barulho causado pela queda de alguma coisa (de alguém).

A queda aqui não deve ser concebida somente com os objetos materiais, mas com as derrapadas que algumas pessoas sofrem na concretização de seus sonhos e objetivos...

E como as nossas quedas muitas vezes fazem barulho aos ouvidos dos outros, muitos, inclusive, até festejam, ainda que em silêncio, a nossa derrota. Isso é fato: o fracasso, nessa perspectiva negativa de derrota, somente será sentido como dor pelas pessoas que verdadeiramente nos amam.

De maneira geral, no mundo competitivo em que vivemos, muitos irão se solidarizar, baterão em nossos ombros e dirão: "Siga firme", sem, contudo, existir um verdadeiro sentimento de compaixão pela situação que estamos vivendo.

Repito: diante das quedas estrondosas e barulhentas dos sonhos e projetos sendo desfeitos, somente sentirão conosco a mesma dor as pessoas que, de verdade, nos amam. Em geral, pessoas próximas, "amigos", colegas e, em contrapartida, os inimigos e adversários festejarão; alguns no privado, outros em público.

Nós somos educados para o sucesso, mas o "sucesso" (aos olhos do mundo) não é para todos; para que exista o vencedor, é preciso que haja o derrotado. Por essa razão há, lamentavelmente em nós, esse sentimento de "satisfação" pela queda do outro e, quanto mais barulho fizer a queda, a satisfação com toda certeza será ainda maior.

Não tenho dúvidas de que você já se sentiu um fracassado e vivenciou por experiência o que são as quedas e suas consequências para a sua autoestima, autoimagem e confiança em um futuro melhor.

Após a queda da derrota, parece que tudo está perdido, que nunca mais conseguiremos levantar a cabeça e seguir vivendo; além da desesperança, existe o gosto amargo da vergonha. Sim, a vergonha de não termos sido bons o suficiente, a vergonha de sermos perdedores. Quem nunca fracassou?

A vida não é um conto de fadas, muito menos um sonho fantasioso de que nós somos o centro do universo. Quem nunca fracassou que atire a primeira pedra.

Lembro-me de uma passagem bíblica que relata a transfiguração de Jesus diante dos apóstolos Pedro, Tiago e João, no alto de um monte. Esse episódio se passa ainda no início dos evangelhos sinóticos. Os discípulos ainda estavam conhecendo Jesus, sabiam muito pouco dele e de sua missão.

Jesus, então, os presenteia com a visão do Paraíso; eles se encantam com a vitória das vitórias. Pedro, diante de tal milagre (de tal sucesso), manifesta sua satisfação de estar ali e propõe a Jesus se estabelecerem naquele lugar, naquela cena, para todo o sempre; comprometeu-se, inclusive, a construir tendas, demarcando assim raízes, estabilidade.

Diz o texto bíblico que Pedro não sabia o que dizia...

Não quero aqui fazer exegese bíblica, mas bem sabemos que a intenção de Jesus foi mostrar o Paraíso para que os discípulos pudessem perseverar nos momentos de quedas, de fracassos e de decepções. Nós também temos as nossas transfigurações, mas a vida não se passa e não se passará no alto do monte; é preciso descer ao nível real da nossa natureza humana, ferida pelo pecado.

O fracasso é inevitável! Agora você poderia me dizer: "Bom, tudo bem que o fracasso seja inevitável, mas 'brindar' ao fracasso já é um pouco demais!".

Eu penso que não, pois estamos imersos nessa bolha ilusória de sucesso fantasioso e de fracasso como o fim da vida feliz.

O único sucesso perpétuo é o Paraíso; contudo, ainda não chegamos lá, pois estamos vivos nesta vida... Enquanto labutarmos nesta existência, conheceremos as quedas pequenas e grandes, sentiremos dor, sofreremos, ficaremos desiludidos, seremos derrotados... Somos todos da mesma natureza. Qual a razão de termos vergonha do barro que somos?

Não somos inquebráveis, Deus não nos fez de aço, mas da fina argila... Vergonha por quê?

Talvez porque exista em nós o mesmo orgulho que levou nossos pais Adão e Eva ao pecado; queremos ser os deuses da nossa existência, não queremos depender do Deus criador.

Particularmente eu já sofri muito com os meus muitos fracassos, porém, de uns anos para cá, venho fazendo uma experiência espiritual de analisar cada grande queda que eu sofri ao longo dos meus anos vividos. Para minha surpresa, aquilo que foi derrota e vergonha, com o passar do tempo, conduziu minha vida para outro rumo.

Talvez eu não estivesse aqui diante deste computador, escrevendo para você, se todos os meus planos e sonhos tivessem prosperado.

Creio que as quedas não são castigos, mas a própria mão do Oleiro nos refazendo, segundo a sua imagem.

É sobre isso que eu gostaria de conversar com você nos capítulos seguintes. Tenho certeza de que você, assim como eu, perceberá a força da Providência Divina nos guiando.

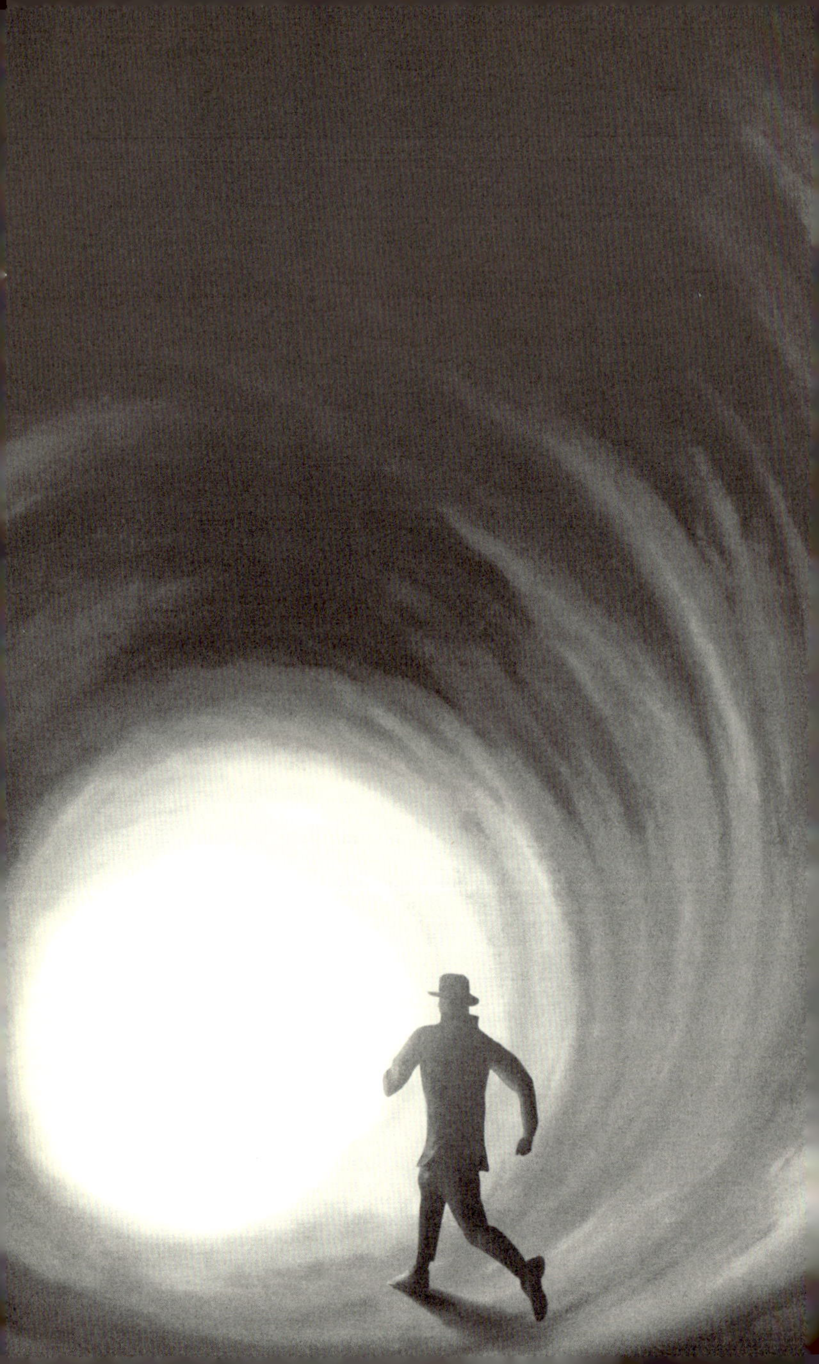

Não somos donos da nossa existência

Capítulo 3

*Meu Deus, me dá cinco anos,
me dá a mão, me cura de ser grande.*
(Adélia Prado)

O título deste capítulo parece um tanto antagônico, diante de tantas afirmações do tipo: "Eu sou o dono da minha vida!"; "Quem manda na minha vida sou eu!".

As afirmações que giram em torno desse eixo contêm a sua verdade, porém até que ponto podemos afirmar categoricamente que somos donos do nosso existir?

Nós temos a vida, sem, contudo, sermos os donos dela.

Ouso dizer que a vida é um empréstimo. Recebemos o viver como um presente de Deus, porém o nosso existir está dentro de um plano maior, que não se resume ao período do nosso nascer até o morrer.

A palavra "empréstimo", em se tratando da vida, pode nos causar certo estranhamento. Deus, ao nos conceder o dom de viver, confia a nós uma missão; é empréstimo, pois teremos de prestar contas da forma como a administramos.

Podemos ilustrar esse pensamento com a célebre parábola de Jesus, conhecida como "a parábola dos talentos". Este ensinamento do Mestre se encontra em dois evangelhos sinóticos: Mateus e Lucas. Nos relatos, vemos diferenças entre si, mas a mensagem é a mesma, sobretudo se aplicada como exemplo neste contexto.

Vamos nos debruçar sobre a passagem de Lucas; inclusive, na *Bíblia Ave-Maria*, esta passagem bíblica recebe o nome de "Parábola do dinheiro emprestado".

Embora você já conheça este texto bíblico, eu o convido a lê-lo novamente na perspectiva da vida como empréstimo.

> Um homem ilustre foi para um país distante, a fim de ser investido da realeza e depois regressar. Chamou dez dos seus servos e deu-lhes dez minas, dizendo-lhes: "Negociai até eu voltar". Mas os homens daquela região odiavam-no e enviaram atrás dele embaixadores, para protestarem: "Não queremos que ele reine sobre nós". Quando, investido da dignidade real, voltou, mandou chamar os servos a quem confiara o dinheiro, a fim de saber quanto cada um tinha lucrado. Veio o primeiro: "Senhor, a tua mina rendeu dez outras minas". Ele lhe disse: "Muito bem, servo bom; porque foste fiel nas coisas pequenas, receberás o governo de dez

cidades". Veio o segundo: "Senhor, a tua mina rendeu cinco outras minas". Disse a este: "Sê também tu governador de cinco cidades". Veio também o outro: "Senhor, aqui tens a tua mina, que guardei embrulhada num lenço, pois tive medo de ti, por seres homem rigoroso, que tiras o que não puseste e ceifas o que não semeaste". Replicou-lhe ele: "Servo mau, pelas tuas palavras te julgo. Sabias que sou rigoroso, que tiro o que não depositei e ceifo o que não semeei... Por que, pois, não puseste o meu dinheiro num banco? Na minha volta, eu o teria retirado com juros". E disse aos que estavam presentes: "Tirai-lhe a mina, e dai-a ao que tem dez minas". Replicaram-lhe: "Senhor, este já tem dez minas!..." "Eu vos declaro: a todo aquele que tiver, lhe será dado; mas, ao que não tiver, lhe será tirado até o que tem" (Lucas 19,12-26).

Viver é receber "emprestado" de Deus o milagre de existir. Acreditamos que tudo está nele, que tudo provêm dele e se dirige para Ele.

Existimos desde o infinito, desde o princípio no plano de Deus e em seu coração. Nascemos quando foi hora de nascer, de acordo com o plano universal de amor do Criador.

O nosso viver não é um ato isolado. Nós estamos conectados com o passado, com todo o passado; estamos conectados com o nosso tempo presente, com o agora, e estamos conectados com o futuro. Essa conexão não se dá pelo simples fato de existirmos, mas de sermos criados por aquele que tudo rege.

Sim, recebemos a vida "emprestada" daquele que é o princípio de toda vida. Ele nos presenteia com o dom de viver, mas exige de nós responsabilidade com o milagre dos milagres: estar vivo.

Muitas pessoas nascem e morrem sem nunca se perguntar a razão de tudo isso; é imprescindível para vivermos bem nos conectarmos com o Deus que nos deu a vida. Pois, se estamos aqui, neste tempo, neste espaço, se estamos respirando e sentindo bater nosso coração, se estamos sonhando e fazendo planos, é porque antes alguém fez planos e sonhou conosco.

Somos capacitados por Deus para vivermos bem e, sobretudo, para somar algo na construção do Reino do Criador.

Por essa razão, recebemos a vida e os talentos para serem colocados à disposição. Esse tempo de passagem por aqui é para sermos o que somos: imagem e semelhança dele; e, como sabemos pelo apóstolo São João, Ele é amor!

Não enterremos o dom de viver, mas façamos do nosso viver, por mais breve que seja, algo que de fato valha a pena. Algo que transforme, algo que nos indique que nossa residência não é aqui, mas estamos a caminho.

Nós temos a total liberdade de nossos atos; podemos, sim, escolher o caminho que desejamos trilhar, mas vale lembrar que a nossa vida é rede, é relação. Muitos dos nossos atos interferirão incisivamente na vida dos outros. Podemos não ter consciência total disso, mas aquele que tudo sabe vai modelando a sua criação, sem, contudo, proibir nosso livre-arbítrio.

Em Deus não existem "vitoriosos" e "perdedores", segundo os nossos critérios. Deus não avalia nosso existir por aquilo que consideramos conquistas. Para Ele, vitorioso é quem não enterrou o talento, quem não desistiu no meio do caminho; para Ele, vitoriosos são os seus servos que multiplicam a potencialidade da vida "emprestada".

Na parábola, o senhor que parte para ser revestido de realeza chama os seus servos. Vale lembrar que ele não negocia em convenção, mas individualmente, pois o "talento" é pessoal e intransferível; mais uma vez, salta na interpretação o termo "responsabilidade pessoal".

A negociação individual mostra a nossa importância para Deus. Cada vida é importante para o senhor que empresta o dinheiro, tem um significado, tem uma razão em seu plano, ninguém é descartável.

Lembro-me agora, como exemplo disso, do Rito de Ordenação Sacerdotal, quando o ordenando está ajoelhado diante do bispo e recebe dele o cálice, a patena, com a seguinte admoestação: "Recebe a oferenda do povo para apresentá-la a Deus. Toma consciência do que vais fazer e põe em prática o que vais celebrar, conformando tua vida ao mistério da cruz do Senhor".

"Toma consciência do que vais fazer..." É isso que o Criador espera de nós: consciência.

Da mesma forma que a mina foi entregue a cada servo, a "cobrança" ou a prestação de contas também é individual. O Senhor deseja saber da nossa boca, da nossa confissão, o que fizemos com aquilo que nos foi emprestado.

No dia da prestação de contas, não valerá dizer que a nossa vida não "rendeu" por causa dos outros; culpar os outros sempre parece ser um dos caminhos mais fáceis. Contudo, Ele não negociou com os outros o nosso talento, mas conosco. Não valerá dizer que tivemos medo, que o mundo é muito hostil... Não valem desculpas, pois esse mesmo Senhor sabe tudo.

Os "rendimentos" podem ser os mais variados possíveis, mas o Senhor olha e coloca atenção no "investimento" que fizemos.

O sucesso para Ele é o investimento...

Por essa razão, não sensibilizarão os ouvidos do Senhor as lamúrias de que não fomos capazes, de que tivemos medo. O Senhor olhará o comprometimento que tivemos com a riqueza que Ele nos "emprestou".

Como já dissemos antes, diferente da parábola em que o Senhor parece desaparecer por um tempo, o Deus da vida se mostra e se revela no percurso da nossa existência, e nós acreditamos que tudo é providência, que tudo faz sentido aos olhos dele. Por essa razão, as nossas quedas e as nossas derrotas podem fazer um grande barulho e surpreender os que nos rodeiam, mas o Senhor da história sabe que, a seu tempo, todos os rios se encontrarão no mar.

Veja esta linda passagem bíblica que nos revela o cuidado do Senhor para com cada um de nós; esse cuidado e esse carinho transbordam na providência... A nossa busca deve ser pelo Reino de Deus e por sua justiça. Todo o restante virá por acréscimo.

Deus é providência...

> Se Deus veste assim a erva dos campos, que hoje cresce e amanhã será lançada ao fogo, quanto mais a vós, homens de pouca fé? Não vos aflijais, nem digais: Que comeremos? Que beberemos? Com que nos vestiremos? São os pagãos que se preocupam com tudo isso. Ora, vosso

> Pai celeste sabe que necessitais de tudo isso. Buscai em primeiro lugar o Reino de Deus e a sua justiça e todas estas coisas vos serão dadas em acréscimo. Não vos preocupeis, pois, com o dia de amanhã: o dia de amanhã terá as suas preocupações próprias. A cada dia basta o seu cuidado (Mateus 6,30-34).

Mesmo assim, com todas as provas do amor de Deus, insistimos em duvidar da sua mão a nos guiar, nos desesperamos nas horas das quedas e duvidamos da sua providência. Diz o texto bíblico que Deus se irrita com nossa falta de fé e confiança:

> E falaram contra Deus: "Deus será capaz de nos servir uma mesa no deserto?" Eis que feriu a rocha para fazer jorrar dela água em torrentes. "Mas poderia ele nos dar pão e preparar carne para seu povo?" O Senhor ouviu e se irritou: sua cólera se acendeu contra Jacó, e sua ira se desencadeou contra Israel, porque não tiveram fé em Deus, nem confiaram em seu auxílio. Contudo, ele ordenou às nuvens do alto, e abriu as portas do céu. Fez chover o maná para saciá-los, deu-lhes o trigo do céu (Salmo 77,19-24).

Mas a "raiva" do Senhor passa rapidamente e seu plano benevolente e providencial atua em favor de seus filhos.

Muitas derrotas são livramentos

Capítulo 4

Jamais desfrutaremos da suavidade pura da união com Deus enquanto nos satisfizermos com as consolações passageiras desta vida.
(São João da Cruz)

O título deste capítulo fala por si. Por vezes nós sabemos dessa verdade, mas preferimos chorar em nosso mundo de lamúrias sem fim.

A vida é um grande e maravilhoso caminho que se desdobra em novas e infinitas possibilidades. Todas as vezes em que tomamos decisões importantes em nossa vida, oportunidades de caminhos novos surgem.

De modo geral, quando tomamos uma decisão, escolhemos um caminho que se transformará em outro e em mais outro, ao passo que vamos decidindo nosso futuro.

Também é verdade que alguns caminhos ficaram para trás. Aqueles que não foram os escolhidos, não poderão mais ser percorridos; são oportunidades que se fecharam, aliás, que decidimos não trilhar.

Mesmo que tenhamos a tentação de voltar ao passado, sabemos que isso será impossível. Podemos até edificar um caminho semelhante ao que não trilhamos, na tentativa de reviver algo perdido no tempo, ou simplesmente imaginar que corrigiremos as nossas frustrações no tempo presente.

Vale lembrar que o caminho edificado poderá ser semelhante, mas não será o mesmo, pois o tempo é outro; nós já não somos os mesmos de antigamente.

O que na verdade acontece é que, por não ter vivido o peregrinar na estrada que nós fechamos as portas, fantasiamos que "talvez", "talvez", fossemos mais felizes hoje... se "tivéssemos", "tivéssemos"...

É muito comum idealizarmos situações não vividas, mas essas nostalgias de caminhos não percorridos podem nos levar ao mundo irreal da fantasia não realizada no passado, tentando a todo custo acreditar, suspirando: "Tudo teria sido diferente".

Teria? Mas não foi!

Tentar apagar o passado seria o mesmo que amputar uma parte de nossa história, porém nós somos o que somos graças a todo o vivido.

Por outro lado, a vida nos colocou em verdadeiras encruzilhadas, mas as opções que tínhamos em seguir em frente não eram de nosso gosto, não eram aquilo que planejávamos para o nosso futuro.

Tivemos que seguir passo a passo, muitas vezes sem o sonho e a esperança que nos motivariam. Não era uma questão de escolha, mas de obrigação.

Cada um de nós trilhou um caminho até aqui; não devemos julgar as nossas escolhas do passado, nem os caminhos que já percorremos. Também não podemos julgar ou condenar as demais pessoas pelo caminho percorrido por elas até hoje.

Pare um tempinho agora, respire fundo e se pergunte:

– Quais foram os caminhos que eu percorri até agora?

– Quais foram as minhas escolhas?

– Quais caminhos eu não escolhi, mas precisei percorrer?

– Tenho arrependimentos?

– Eu teria feito diferente?

E para terminar:

– Os caminhos me conduziram ao que sou hoje. Então, sou feliz?

Se existe insatisfação em seu viver, não busque ser feliz hoje reabrindo baús antigos. Se você está vivo física e espiritualmente, abra seus olhos, pois, enquanto você estiver de "posse" da sua existência, a vida não parará de apresentar possibilidades; um novo caminho não é utopia. Enquanto pulsar o coração, caminhos surgirão...

Tendo refletido um pouco sobre nossas escolhas, ou não escolhas, sobre os caminhos percorridos, você poderia pensar: se eu tivesse seguido o caminho que me apontava para tal direção, em vez de ter optado pelo que me trouxe até aqui, nada me garante que eu seria mais feliz hoje... Fato!

Como dissemos no capítulo anterior, não somos donos da nossa existência – existe um plano maior, muito mais complexo que nossa vã inteligência pode abraçar. Antes de nascermos, antes mesmo de começarmos a fazer os nossos planos, já existia um projeto, não de um tempinho atrás, mas um projeto eterno que contemplava cada um de nós.

Eu fui concebido por Deus no infinito que é Deus.

Você vive desde o dia em que nasceu, mas a sua existência não conhece o tempo... é eterna.

Vou citar uma passagem do profeta Jeremias.

Com toda certeza já lemos e ouvimos infinitas vezes este trecho, mas eu gostaria que agora você lesse com propriedade esses versículos. Se você acredita que a Bíblia é Palavra de Deus, que Deus fala nas Escrituras, então não feche os olhos nem os ouvidos para esta passagem; deixe que a Voz de Deus mude completamente tudo aquilo que você imagina pensar sobre a vida...

> Foi-me dirigida nestes termos a palavra do Senhor: "Antes que no seio foste formado, eu já te conhecia; antes de teu nascimento, eu já te havia consagrado..." (Jeremias 1,4-5).

Jeremias escuta Deus, o Altíssimo fala com Jeremias antes de indicar a missão que ele deveria executar. Não era uma tarefa obrigatória, o profeta poderia recusá-la. Deus fez o convite sem, contudo, impor a conduta; a liberdade humana é respeitada por Deus. Mas o criador não deixa de apresentar o que ele planejou, independentemente da resposta do convidado.

É emocionante ler esta passagem bíblica e saber que Deus nos tem em conta antes mesmo que fossemos gerados no ventre de nossas mães. Não existe vida humana por acaso, cada um de nós tem uma razão para existir...

Deus diz a Jeremias que já o conhecia. Não me parece que esse conhecimento seja superficial. O conhecimento apresentado no texto é aquele cultivado, de alguém que nos conhece mais que nós mesmos.

Muitas vezes dizemos que conhecemos as pessoas com quem convivemos, mas não temos a capacidade de ler a alma de ninguém. Não temos a capacidade de saber o que de fato se passa no íntimo dos outros, inclusive das pessoas que mais amamos.

O conhecimento que Deus tem de nós ultrapassa a aparência. Ele sabe da nossa essência, pois foi Ele quem nos fez.

Na fala de Deus a Jeremias, ainda é salientado que, além de conhecê-lo, e antes mesmo do seu nascimento, o Senhor já o havia consagrado. Consagrar é separar para si e revestir de honra para uma função; investir(-se) de caráter ou funções sagradas; sagrar(-se). Ou seja, o próprio Deus já havia trazido para perto dele, em um abraço eterno, a pessoa de Jeremias.

Quando se investe alguém de caráter, é para que essa pessoa possa executar a sua missão com dignidade.

É sábia a afirmação que diz: o Senhor não nos dá uma cruz que sejamos incapazes de carregá-la.

Dizíamos anteriormente que, mesmo que recusemos o convite do Senhor para realizarmos seu plano de amor, Ele não nos obrigará, mas nunca deixará de nos assistir. Como já dissemos, Ele nos conhece, nos ama e nos consagrou. Mesmo que digamos "não" ao seu projeto, Ele nos apresenta caminhos, Ele não nos deixa à mercê de nossas escolhas, pois escolhemos com base no hoje, desconhecemos o amanhã... mas o futuro não é desconhecido de Deus. Por essa razão, Ele vai conduzindo a nossa vida e nossa história, mesmo que o reneguemos.

Assim é possível falar que algumas derrotas são verdadeiros livramentos, pois Deus sabe do nosso futuro e deseja o nosso bem. Quando estamos abertos a sua vontade, ao seu bem querer, então deixamos Deus agir. Ele não manipula, mas regenera nossas equivocadas escolhas.

Você já pensou onde estaria agora se todos os seus projetos tivessem sido "vitoriosos"? Talvez você não tivesse a família que tem hoje; talvez não tivesse o emprego ou a profissão de agora; talvez não tivesse os amigos que tem; talvez... talvez... Nunca saberemos com exatidão responder a essa pergunta, mas tente ao menos reconhecer que a mão do Todo-Poderoso pode mudar o curso das estradas mais sólidas. Tudo isso para o nosso bem, para a nossa felicidade...

Agora podemos acreditar, com base nesse amor infinito de Deus, que muitas das situações que considerávamos derrotas ou fracassos foram em sua grande maioria verdadeiros livramentos.

Deus nos livra do sofrimento, mas, podemos dizer, o sofrimento me acompanha hoje. É inevitável não sofrer, o sofrimento faz parte da nossa natureza; porém, se não fosse o livramento de Deus, talvez nosso sofrimento seria insuportável. Poderíamos estar carregando uma cruz desproporcional às nossas forças.

Nós sabemos do hoje – vale a pena repetir isso –, mas desconhecemos o dia de amanhã. Deus tudo sabe!

Quantas vezes passamos dias, meses e até mesmo anos frustrados por determinado sonho ou projeto que não se realizou nem se concretizou. A nossa miopia religiosa nos impede, reiteradamente, de percebemos o dedo de Deus desenhando diante de nós aquilo que, segundo a sua sapiência eterna, é o melhor para nós.

> O Senhor sonda o abismo e o coração humano, e penetra os seus pensamentos mais sutis, pois o Senhor conhece tudo o que se pode saber. Ele vê os sinais dos tempos futuros, anuncia o passado e o porvir, descobre os vestígios das coisas ocultas. Nenhum pensamento lhe escapa, nenhum fato se esconde a seus olhos. Ele enalteceu as maravilhas de sua sabedoria, ele é antes de todos

os séculos e será eternamente. Nada se pode acrescentar ao que ele é, nem nada lhe tirar; não necessita do conselho de ninguém. Como são agradáveis as suas obras! E, todavia, delas não podemos ver mais que uma centelha. Essas obras vivem e subsistem para sempre, e em tudo o que é preciso, todas lhe obedecem (Eclesiástico 42,18-24).

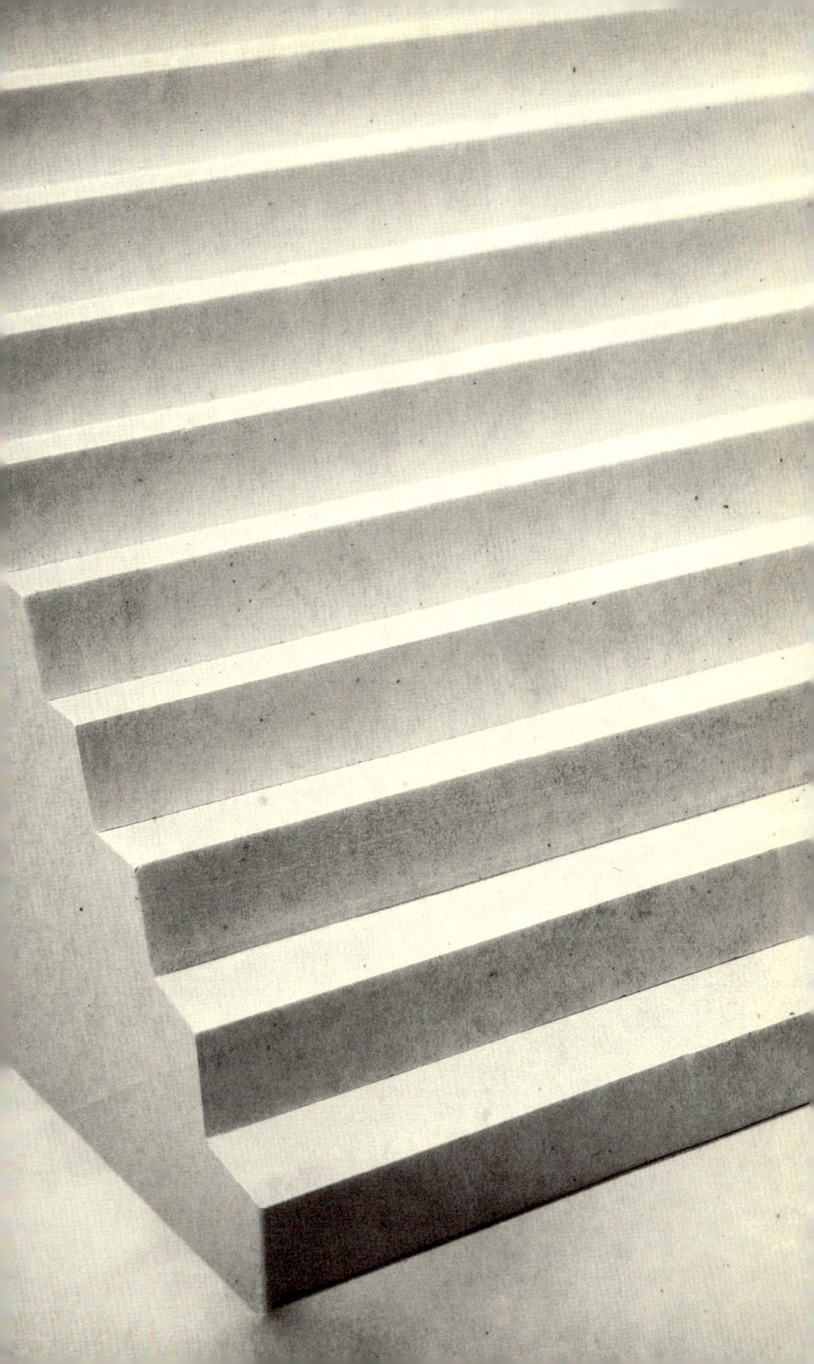

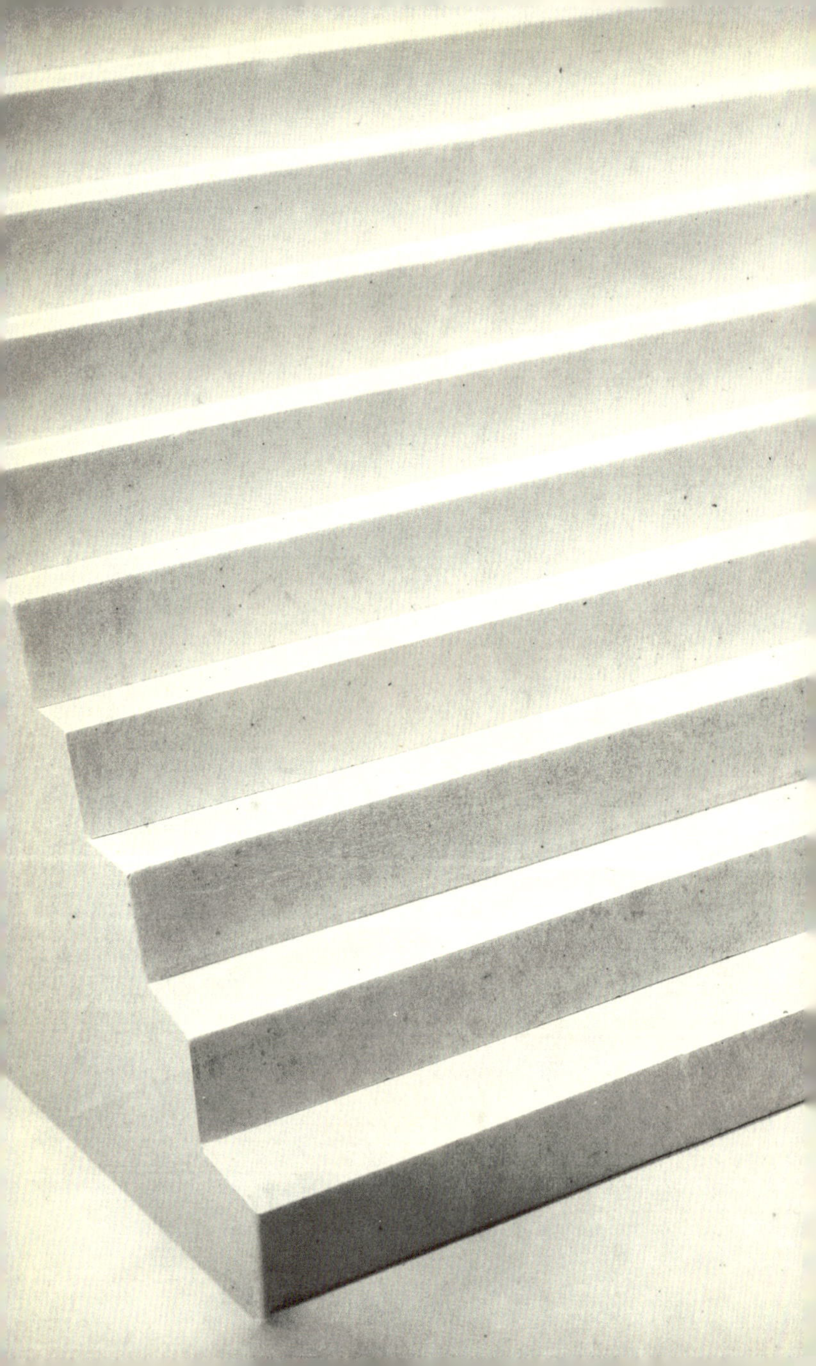

O "fracasso" de Jesus se tornou a nossa vitória

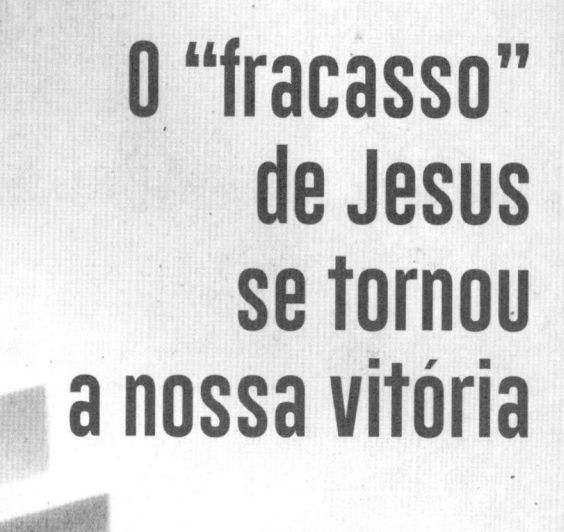

Capítulo 6

Eleva o pensamento, ao céu sobe,
por nada te angusties, nada te perturbe.
A Jesus Cristo segue, com grande entrega,
e, venha o que vier, nada te espante.
Vês a glória do mundo? É glória vã;
nada tem de estável, tudo passa.
(Santa Teresa D'Ávila)

O Catecismo da Igreja Católica, ao tratar da morte redentora de Jesus Cristo, na Parte Primeira, sobre a Profissão de Fé, traz uma bela reflexão sobre o querer de Deus Pai sobre toda a criação, de modo especial sobre o Projeto Salvador, que incluía a morte de Messias para que a humanidade fosse regenerada:

"JESUS ENTREGUE, SEGUNDO O
DESÍGNIO DETERMINADO DE DEUS"
599. A morte violenta de Jesus não foi fruto do acaso, nem coincidência infeliz de circunstâncias várias. Faz parte do mistério do desígnio de Deus, como Pedro explica aos judeus de Jerusalém, logo no seu primeiro discurso no dia de Pentecostes: "De-

> pois de entregue, segundo o desígnio determinado e a previsão de Deus" (At 2,23). Esta linguagem bíblica não significa que os que "entregaram Jesus" foram simples atores passivos de um drama previamente escrito por Deus.
>
> **600.** A Deus, todos os momentos do tempo estão presentes na sua atualidade. Por isso, Ele estabelece o seu desígnio eterno de "predestinação", incluindo nele a resposta livre de cada homem à sua graça: "Na verdade, Herodes e Pôncio Pilatos uniram-se nesta cidade, com as nações pagãs e os povos de Israel, contra o vosso santo Servo Jesus, a quem ungistes. Cumpriram assim tudo o que o vosso poder e os vossos desígnios tinham de antemão decidido que se realizasse" (At 4,27-28). Deus permitiu os atos resultantes da sua cegueira, como fim de levar a cabo o seu plano de salvação.

Esta passagem do Catecismo ilustra a meditação deste capítulo, porém pode ser base de leitura também para os capítulos anteriores deste livro. Deus governa a nossa existência, a Providência Divina tudo rege. Nada escapa do seu comando.

Não poucas vezes os evangelhos afirmam que grande multidão de pessoas se aproximou de Jesus, ouviu sua palavra de esperança e misericórdia, viu suas obras e resolveu segui-lo, depositando nele a razão de sua existência.

Os apóstolos, os discípulos e as discípulas seguiram o Mestre porque, de fato, acreditaram nele. Porém, no início do seguimento, eles não sabiam de todo o mistério que envolvia Jesus. Eles se encantaram com a proposta; para alguns a proposta era religiosa, no entender de outros era uma proposta política. Muitos talvez o tenham seguido sem saber de fato a razão de segui-lo.

Para que não houvesse ilusão por parte dos discípulos, Jesus desde o princípio tentou alertá-los de que poderiam se decepcionar, se concretamente não absorvessem o plano real de Deus.

Uma cena icônica dessa realidade vemos claramente em Mateus 20,20-28, quando Salomé, a mãe dos filhos de Zebedeu, se aproxima de Jesus e faz um pedido inusitado: que os seus dois filhos pudessem se sentar um à direita e o outro à esquerda do trono de Jesus, quando o seu Reino fosse instaurado.

Tanto Salomé quanto os seus filhos seguiam Jesus, mas ainda não tinham entendido muita coisa sobre a missão do Filho de Deus. Eles esperavam um Reino político, de glória e poder aqui na terra. Os outros discípulos, quando ficam sabendo de tal pedido, se revoltam, e surge a inveja. A reação explosiva dos outros discípulos também manifesta que eles tampouco haviam assimilado a razão do seguimento.

Jesus admoesta os discípulos e conclui com estas palavras:

> Sabeis que os chefes das nações as subjugam, e que os grandes as governam com autoridade. Não seja assim entre vós. Todo aquele que quiser tornar-se grande entre vós, se faça vosso servo. E o que quiser tornar-se entre vós o primeiro, se faça vosso escravo. Assim como o Filho do Homem veio, não para ser servido, mas para servir e dar sua vida em resgate por uma multidão (Mateus 20,25-28).

Jesus é claro sobre o ideal de mundo que Ele veio apresentar, sobre o que concretamente significa ser discípulo dele. Mas essa mesma dificuldade de compreensão sobre a nova forma de viver segundo Cristo está manifestada também na não aceitação de que a missão do Redentor passaria pelo sacrifício e morte de cruz. Era inadmissível aos discípulos aceitar a ideia de que o Mestre Jesus poderia passar por tamanha humilhação.

A pedagogia dos evangelistas sinóticos é uma verdadeira catequese sobre esse tema. Para exemplificar, citaremos os fatos narrados por Marcos em ordem ascendente.

Jesus fala abertamente aos discípulos sobre a sua morte e afirma támbém que Ele ressuscitaria:

> E começou a ensinar-lhes que era necessário que o Filho do homem padecesse muito, fosse rejeitado pelos anciãos, pelos sumos sacerdotes e pelos escribas, e fosse morto, mas ressuscitasse depois de três dias. E falava-lhes abertamente dessas coisas. Pedro, tomando-o à parte, começou a repreendê-lo. Mas, voltando-se ele, olhou para os seus discípulos e repreendeu a Pedro: "Afasta-te de mim, Satanás, porque teus sentimentos não são os de Deus, mas os dos homens" (Marcos 8,31-33).

Os discípulos absorvem a primeira parte da mensagem e se assustam: como assim, o Mestre que confiamos e depositamos a nossa vida seria rejeitado?

Que tipo de Rei padeceria de perseguição?
Que tipo de Reino frágil seria esse?
Morrer?
Então o Mestre nos iludiu até agora?

Pedro toma a palavra e repreende Jesus sobre "as coisas horríveis" que Ele havia dito. O Senhor olha para os seus discípulos e afirma que Pedro pensa como o mundo e não como Deus. Ele, inclusive, usa a palavra Satanás para Pedro, ou seja, adversário; não adversário de Jesus, mas do projeto, do plano de Amor do Pai, ao qual Jesus era fiel e obediente.

Os discípulos haviam criado uma expectativa, alimentaram um sonho; eles ainda não estavam na maturidade de reconhecer que a vida é regida pela Providência Divina.

No Evangelho de Marcos, logo após essa passagem, existe a continuação pedagógica da catequese de Jesus, na qual Ele ensina aos seus que a renúncia de si mesmo é um critério para ser seu seguidor.

> Em seguida, convocando a multidão juntamente com os seus discípulos, disse-lhes: "Se alguém me quer seguir, renuncie-se a si mesmo, tome a sua cruz e siga-me. Porque o que quiser salvar a sua vida, a perderá; mas o que perder a sua vida por amor de mim e do Evangelho, a salvará. Pois que aproveitará ao homem ganhar o mundo inteiro, se vier a perder a sua vida? Ou que dará o homem em troca da sua vida?" (Marcos 8,34-37).

Vale ressaltar que esse discurso catequético de Jesus não é dirigido somente aos seus discípulos, mas também à humanidade. A renúncia de si mesmo nada mais é que depositar nas mãos de Deus a nossa existência. Não é só uma consagração de oferta de si; significa, além de tudo, também aspirar que o querer de Deus seja o nosso querer. Ou seja, não colocar empecilhos para que a providência do Pai conduza o rumo da nossa vida. Renunciar a si mesmo é estar aberto à moção do Santo Espírito, que deseja orientar nosso rumo com o seu sopro, da mesma forma que a brisa suave move sem violência e sem pressa as barcas que não estão ancoradas.

Tomar a cruz para seguir Jesus é assumirmos quem verdadeiramente somos, sem medo e sem reservas. Como já dissemos, o Criador tem um plano para cada um de nós e, sendo assim, se negarmos nossa identidade, será impossível saber a razão de estarmos aqui neste mundo.

É preciso que nos aceitemos!

A cruz é a gente poder olhar no espelho e contemplar a nossa alma, nossas feridas, nossas dores, e carregar a nós mesmos, ou seja, sentirmos o peso e nos responsabilizarmos por sermos quem somos.

Muitas pessoas não assumem suas cruzes e fazem os outros sofrer. Quantos pais e mães, além de carregar as próprias cruzes, se veem obrigados a carregar as cruzes de seus filhos! Quantos filhos carregam as cruzes de seus pais, e assim por diante.

Sim, na vida existem Cirineus que nos ajudam em determinados momentos em que o peso extrapola nossas forças.

Mas a ajuda deve ser pontual.

A cruz é individual e intransferível, pois a cruz somos nós mesmos e tudo aquilo que carregamos muitas vezes em silêncio.

Quem quiser salvar a sua vida a perderá e aquele que a perder por causa de Jesus e de sua palavra, este a salvará. Despojamento e renúncia, essa é a sabedoria de uma vida bem vivida. Lembremos o homem que recebeu o talento e o escondeu por medo, pois essa atitude de não se arriscar, de não se gastar todo e inteiro ao projeto de Deus, faz com que vivamos sem sentido. Lamentavelmente, uma vida sem sentido é uma vida perdida.

Todas as vezes que vivemos presos em nossos egoísmos e vaidades, a nossa vida se esvai, como a areia que uma mão fechada tenta segurar.

De que adiantaria ganharmos o mundo inteiro, se o preço dessa "vitória" fosse uma alma corrompida?

Quantas pessoas já perderam a vida mesmo estando ainda vivas, correndo e almejando o topo, do topo, do topo, focadas no lugar que compete ao Criador, no afã de dominar tudo e todos, inclusive, manipulando vidas. De que adianta? Seriam essas pessoas mais felizes? O que tanta vaidade levaria deste mundo?

Na continuação do Evangelho de Marcos, temos o relato da transfiguração, de que já falamos algumas páginas atrás. Ou seja, Jesus, após o anúncio de sua paixão; depois da negativa dos discípulos; da repreensão de Pedro; do discurso sobre o real sentido de segui-lo; das consequências desse seguimento, mostra o paraíso para Pedro, Tiago e João, para que eles fossem os embaixadores da vida que vence a morte, depois que a cruz parecesse reinar absoluta.

Como sabemos, após a cruz, a morte, o sepulcro e a profecia – pelo menos a primeira parte dela concretizada –, os discípulos abraçaram a tristeza e não conseguiram se lembrar da segunda parte: *Eu ressuscitarei no terceiro dia!* Eles se esconderam por medo, mas sobretudo por vergonha.

O Mestre fora humilhado e ultrajado publicamente; julgado e condenado; a multidão pedira aos gritos a sua morte, preferindo que soltassem Barrabás em lugar dele; fora coroado de espinhos como Rei, de forma jocosa – não era essa realeza recheada de deboche que os discípulos esperavam; fora despido; recebera cusparadas; fora alvo de piadas; carregara publicamente a cruz, sendo ridicularizado por toda a cidade; o barulho de suas quedas fizera os algozes gargalhar; fora crucificado, assumindo o tipo de morte mais violento e vergonhoso em seu tempo; ouvira os escárnios dos príncipes e dos sacerdotes:

> *Salvou a outros, que salve a si próprio,*
> *se é o Cristo, o escolhido de Deus!*

Ensoparam sua boca de vinagre, enquanto Ele agonizava sem fôlego. Ele morrera como um bandido!

Derrota... Fracasso...

Os discípulos choravam a sua morte, mas choravam cada um a própria derrota, o próprio fracasso...

Desilusão, essa é a palavra.

Jesus poderia usar de sua liberdade para fugir, se esconder ou negar o plano do Pai para Ele, mas sabia que, por mais difícil que fosse a queda, era preciso passar por ela. A fidelidade de Cristo é a razão de nossa fé hoje, sem a cruz, sem sua morte, nossas almas estariam vagando em um dormir eterno após nossa morte.

Mesmo após a ressurreição de Jesus, os discípulos ainda custavam a acreditar, pois, por maior que fosse a alegria, existia ainda a sombra da derrota humilhante.

Os discípulos somente foram fazer a experiência da vitória após o evento de Pentecostes. Foi nessa hora que eles aprenderam a dizer verdadeiramente, em forma de consagração, como a Santíssima Mãe de Jesus:

> *Seja feita a vossa vontade, Senhor,*
> *assim na terra como no céu!*

O "fracasso" de Jesus se tornou a nossa vitória, pois a morte que até então nos humilhava foi vencida pela morte de Cristo na cruz.

Nossa ideia de sucesso está muito relacionada ao nosso orgulho. Aprendemos que ser bem-sucedidos é ter uma vida de destaque. Jesus nunca ensinou aos seus discípulos o caminho do "sucesso" segundo os nossos critérios; ao contrário, sua catequese passa bem longe da vaidade e do egocentrismo.

Hoje, muitos pregadores da Palavra anunciam "receitas" do "sucesso" de uma vida ungida por Deus. Mas que sucesso? Percebo, nas Teologias da Prosperidade que proliferam, um verdadeiro despropósito e deturpação da mensagem humilde de Cristo... O Messias não pregou o poder, mas o serviço.

Sim, é difícil assimilar que nós não passamos de criaturas, e todas as criaturas humanas têm a mesma importância para Deus. Deus rege com amor a vida de todas as pessoas; por essa razão, é muito ilusório afirmarmos que o verdadeiro sucesso é aquilo que almejamos como vitória.

Para terminar esta reflexão, eu gostaria de citar uma linda passagem bíblica, que é um hino cristológico. Talvez, ao lermos com atenção este texto, possamos nos despir de todo engano a respeito da fantasia que vivemos em torno do sucesso e seus adornos.

Paulo, na carta aos Filipenses, nos fala da aniquilação de Deus em Jesus Cristo – da "derrota" de Deus –, para que nós recebêssemos a verdadeira vitória. Ao mesmo tempo, Paulo nos ensina o caminho do sucesso em Cristo. Será que estamos preparados?

> Se me é possível, pois, alguma consolação em Cristo, algum caridoso estímulo, alguma comunhão no Espírito, alguma ternura e compaixão, completai a minha alegria, permanecendo unidos. Tende um mesmo amor, uma só alma e os mesmos pensamentos. Nada façais por espírito de partido ou vanglória, mas que a humildade vos ensine a considerar os outros superiores a vós mesmos. Cada qual tenha em vista não os seus próprios interesses, e sim os dos outros. Dedicai-vos mutuamente a estima que se deve em Cristo Jesus. Sendo ele de condição divina, não se prevale-

ceu de sua igualdade com Deus, mas aniquilou-se a si mesmo, assumindo a condição de escravo e assemelhando-se aos homens. E, sendo exteriormente reconhecido como homem, humilhou-se ainda mais, tornando-se obediente até a morte, e morte de cruz. Por isso Deus o exaltou soberanamente e lhe outorgou o nome que está acima de todos os nomes, para que ao nome de Jesus se dobre todo joelho no céu, na terra e nos infernos. E toda língua confesse, para a glória de Deus Pai, que Jesus Cristo é Senhor. Assim, meus caríssimos, vós que sempre fostes obedientes, trabalhai na vossa salvação com temor e tremor, não só como quando eu estava entre vós, mas muito mais agora na minha ausência. Porque é Deus quem, segundo o seu beneplácito, realiza em vós o querer e o executar (Filipenses 2,1-13).

O sucesso da vitória, segundo a sabedoria eterna de Deus, é a obediência ao seu plano. Jesus nos provou essa verdade.

Informações sobre a Editora Ave-Maria

Para conhecer outros autores e títulos da
Editora Ave-Maria, visite nosso *site* em:
www.avemaria.com.br
e siga nossas redes sociais:
facebook.com/EditoraAveMaria
instagram.com/editoraavemaria
twitter.com/editoravemaria
youtube.com/EditoraAveMaria